ESQUIZOFRENIA

GUÍA PARA COMPRENDER Y TRATAR LA ESQUIZOFRENIA

AMANDA ALLAN

CONTENTS

INTRODUCCIÓN

Al principio, la sociedad tiende a tergiversar algo y luego sigue con ello. El público empieza a desear tanto esta disfunción que los medios de comunicación no tienen ningún motivo para mostrar la realidad de la situación. El estímulo que produce la falsa realidad es, sencillamente, más excitante. Aunque este concepto puede aplicarse a multitud de cuestiones sociales, una de las que recibe menos atención es la salud mental. Los humanos carecemos de toda la capacidad para identificarnos y comprender cosas que no son físicamente obvias para nosotros. Aunque nuestros cerebros tienen un proceso de conceptualización mejor que el de la mayoría de los seres vivos, seguimos luchando por aceptar la validez de algunas de las luchas humanas más básicas, como las enfermedades mentales.

La realidad es que, según los informes, el 46,4% de la población adulta de Estados Unidos padece una enfermedad mental en algún momento de su vida. Casi la mitad de los adultos estadounidenses padecerán algún tipo de trastorno mental o emocional, pero no todos son conscientes de ello y mucho menos buscan ayuda para controlarlo. Si este problema es tan común, ¿por qué la sociedad sigue estigmatizándolo? La verdad es que, aunque los trastornos mentales han existido durante toda la historia de la humanidad, su identificación adecuada no ha sido así. Incluso con todos los avances que hemos hecho en el diagnóstico adecuado de los trastornos mentales en los últimos cincuenta años, todavía nos queda mucho por aprender sobre ellos. Resulta aterrador que, debido a que no se manifiestan físicamente, su gravedad a menudo no se equipare a la de las enfermedades del cuerpo. Esto no sólo hace que se estigmatice, sino que además no se investigue lo suficiente.

La esquizofrenia suele presentarse como el trastorno mental más aterrador, raro, misterioso y peligroso que existe. Definitivamente, usted no es la única persona a la que la sociedad le ha dicho que piense así de la esquizofrenia, ya que esto es lo que se ha presentado al público en general durante décadas y décadas. Sin embargo, no es de extrañar, ya que nuestra sociedad sigue luchando por comprender plenamente trastornos mucho más comunes, como los trastornos de ansiedad o la depresión.

Una mente maravillosa, película estadounidense estrenada en 2001, es una de las más populares sobre el tema de la esquizofrenia. Se basa en la historia real de un matemático, John Nash, que desarrolló esquizofrenia a los 30 años y más tarde vio cómo su trastorno se disipaba aparentemente. Por un lado, esta película cumple la función crítica de dar a la esquizofrenia la exposición necesaria para alcanzar finalmente la plena aceptación y asimilación social. Utiliza una línea argumental eficaz para mostrar la progresión del trastorno del personaje, incluida su eventual mejora en el control de sus síntomas. Por otro lado, sin embargo, dejar que esta película actúe como única representación de la esquizofrenia puede dar lugar a más malentendidos. Algunas escenas muestran situaciones peligrosas para los demás debido a la reacción del protagonista a sus alucinaciones, lo que puede llevar a pensar que todas las personas con esquizofrenia suponen una amenaza. Esto no quiere decir que la película debería haber eliminado estas escenas, sino que los medios de comunicación necesitan urgentemente una mayor representación de la esquizofrenia para ofrecer al público una perspectiva precisa de todo el espectro del trastorno.

Para aquellos que nunca han entrado en contacto con la esquizofrenia por sí mismos o a través de un ser querido, es probable que su realidad siga siendo desconcertante y oscura. Sólo a través de una educación adecuada podremos dejar de etiquetar el trastorno de la esquizofrenia como algo tremendamente desconcertante y centrarnos en apoyar y aceptar a quienes la padecen.

En busca de una solución

Actualmente existe una división bastante notable entre la población general y los especialistas en los campos de la psicología, la biología y la psiquiatría. Con los avances médicos multiplicándose prácticamente por minutos, la ciencia está avanzando no sólo a pasos agigantados, sino a saltos hacia una mejor comprensión de la esquizofrenia. Sin embargo, la mayoría del resto de la población permanece ajena a la mayoría de los nuevos descubrimientos o estudios realizados. Lo que les transmiten los medios de comunicación tiende a aumentar aún más su confusión o desconocimiento. De hecho, la esquizofrenia tiene el potencial de ser un trastorno peligroso, pero no de la forma en que la mayoría de la gente piensa. La esquizofrenia representa la mayor amenaza para la persona que la padece, no para los demás. La mejor manera de que la esquizofrenia suponga un peligro menor para el individuo es que el público en general la conozca mejor.

Al elegir informarse sobre este tema, ya ha dado el primer paso para ayudar a reparar el daño causado a las personas con esquizofrenia. Esto no sólo lo dejará más informado, sino también bien preparado para cualquier lucha que se le presente. Muchos recursos sobre la esquizofrenia -y otros trastornos mentales de gravedad similar- ofrecen únicamente estadísticas o contenidos con muchos datos que bombardean al lector con información sin ofrecerle ninguna esperanza de resolución. Esto no sólo aleja a las personas que ya están demasiado asustadas por el trastorno, sino que también repite exactamente la misma información que ofrecen la mayoría de los recursos de más fácil acceso. Evidentemente, esto también puede causar más tensión mental en aquellos que se enfrentan directamente a la esquizofrenia en sus vidas de una forma u otra. Para evitar esta rotación inútil de información idéntica, es importante proporcionar recursos que ofrezcan algo más que datos y estadísticas. En su lugar, debemos proporcionar recursos que enseñen sobre todo el espectro del trastorno, los acontecimientos pasados que han contribuido a nuestra comprensión actual del mismo y, lo que es más importante, cómo dar prioridad a las personas con esquizofrenia por encima del trastorno en sí. Eso es exactamente lo que pretende conseguir este libro.

CAPÍTULO I:
ESQUIZOFRENIA: UNA VISIÓN GENERAL

En primer lugar, es fundamental comprender que la esquizofrenia no se manifiesta de la misma manera en todos los individuos y que tiene efectos muy diversos. De hecho, es esta singularidad en cada individuo lo que hace que la esquizofrenia sea tan compleja y lo que anteriormente ha llevado a tantos especialistas a la confusión. La esquizofrenia se define como un trastorno mental crónico y grave que puede hacer que el individuo afectado tenga una percepción distorsionada de la realidad. Suele afectar a los procesos de pensamiento del individuo, así como a su capacidad para gestionar sus emociones y su comportamiento. Las raíces de la palabra proceden de los vocablos griegos "schizo" y "phrene", que significan "escisión" y "mente", respectivamente. Sin embargo, esto hace que a menudo se asocie con el trastorno de identidad disociativo (TID), en el que el individuo posee al menos dos personalidades claramente distintas. A menudo se confunden, pero son dos trastornos distintos con síntomas y tratamientos diferentes. La esquizofrenia está catalogada como un trastorno incurable y suele requerir un tratamiento que dura toda la vida. La distorsión de la realidad hace que sea increíblemente difícil y a menudo imposible para el individuo diferenciar entre lo que es real y lo que es un síntoma de esquizofrenia. Puede hacer que la persona sienta que ha perdido el contacto con la realidad, lo que dificulta enormemente las tareas cotidianas. Sin duda, vivir con esquizofrenia es todo un reto.

Actualmente, se calcula que la esquizofrenia afecta al 1,2% de la población estadounidense. A primera vista, ese 1,2% puede no parecer mucho, sin embargo, eso sigue dejando nada menos que 3,2 millones de personas en Estados Unidos viviendo con las dificultades que conlleva este trastorno. Aunque técnicamente es incurable, los tratamientos profesionales son muy eficaces y pueden ayudar a muchas personas a llevar una vida normal. Sorprendentemente, cada año, aproximadamente el 40% de las personas con esquizofrenia no recibe tratamiento. Dejar la esquizofrenia sin tratar o incluso infratratada pone a la persona en riesgo de desarrollar síntomas peores y aumenta sus posibilidades de encontrarse con complicaciones futuras.

La esquizofrenia suele ir acompañada o ser causa de otras enfermedades mentales o comorbilidades. Uno de los problemas más comunes a los que conduce es el desarrollo de un trastorno de ansiedad social. Esto suele deberse al hecho de que muchas personas con esquizofrenia se vuelven cada vez menos sociables y se apartan de muchas interacciones sociales. Con el tiempo, muchos se sienten inusualmente ansiosos cuando se ven en determinadas situaciones sociales. Además de la ansiedad, la esquizofrenia puede ir acompañada de depresión. De hecho, una de cada cuatro personas diagnosticadas de esquizofrenia cumple también los criterios para el diagnóstico de depresión. A menudo, esto se debe a la falta de un tratamiento adecuado. Algo con lo que a menudo se confunde esta combinación es el trastorno esquizoafectivo. A diferencia de la esquizofrenia, que suele ser la causa de la depresión de un individuo, las personas diagnosticadas de trastorno esquizoafectivo presentan simultáneamente síntomas de esquizofrenia y de un trastorno grave del estado de ánimo, como episodios depresivos graves o trastorno bipolar. El trastorno esquizoafectivo se diagnostica incluso con menor frecuencia, estimándose que sólo el 0,3% de las personas lo desarrollarán a lo largo de su vida.

Desgraciadamente, debido a las complicaciones comunes de diversos trastornos de ansiedad y a la depresión que provoca, las personas que padecen esquizofrenia tienen muchas más probabilidades de experimentar pensamientos suicidas. De hecho, los estudios han demostrado que la tasa de suicidio de las personas con esquizofrenia es más de 20 veces superior a la de las personas que no padecen este trastorno. En contra de lo que mucha gente pueda creer, no son generalmente los síntomas de la esquizofrenia los que empujan a las personas hacia pensamientos suicidas. Más comúnmente, son los sentimientos de desesperanza, aislamiento, inutilidad y la constatación de los efectos negativos de la esquizofrenia los principales responsables de este fenómeno.

Las personas con esquizofrenia pueden sufrir mucha discriminación, a menudo mortal. En el sistema sanitario, muchas personas con esquizofrenia son ignoradas. En otras palabras, muchos de sus problemas de salud física no reciben tratamiento porque los profesionales médicos asumen erróneamente que los síntomas que dicen tener no son reales. Debido a este tipo de problemas, la esperanza de vida de una persona con esquizofrenia es hasta 20 años inferior a la esperanza de vida media de una persona que vive sin un trastorno mental grave. Incluso después de tener en cuenta la mayor tasa de suicidios prevalente en las personas con esquizofrenia, su tasa de mortalidad sigue siendo sustancialmente superior a la esperada. Las enfermedades -en concreto, las cardiovasculares, metabólicas e infecciosas- son las principales enfermedades físicas que no reciben el tratamiento adecuado y contribuyen a estas estadísticas de muerte prematura. El abuso de sustancias también es considerablemente mayor en las personas con esquizofrenia. En la mayoría de los casos, el abuso de sustancias comienza como un intento de la persona de aliviar sus síntomas, adormecer los sentimientos de depresión asociados y hacer frente a las dificultades de enfrentarse al estigma. La incapacidad del sistema médico para dar cabida y tratar a las personas con esquizofrenia en igualdad de condiciones deja a muchos en situación de riesgo.

Inicio y causas de la esquizofrenia

La esquizofrenia suele aparecer entre los 20 y los 30 años, y los hombres suelen desarrollar los síntomas antes que las mujeres. Algunos han teorizado que la producción de estrógenos de las mujeres durante la pubertad puede ser responsable de protegerlas durante más tiempo contra la aparición de la esquizofrenia. Es extremadamente raro que a una persona se le diagnostique esquizofrenia antes de los 12 años. Aparte de su tendencia natural a desarrollarse en los primeros años de la edad adulta, también es increíblemente difícil para algunos padres poder distinguir los comportamientos normales de sus hijos de los signos de advertencia de la esquizofrenia. A muchos padres se les hace pensar que el niño simplemente se está desarrollando a un ritmo algo más lento o que la culpa es de su inmadurez.

Las causas de la esquizofrenia se siguen investigando, sin que se hayan encontrado aún resultados totalmente concluyentes. Hasta ahora, se cree que el desarrollo del trastorno está causado por una combinación de factores, entre los que se incluyen:

- Genética

- Complicaciones del embarazo o parto de la madre

- Factores medioambientales

- Cambios estructurales y físicos en el cerebro

- Cambios hormonales

- Lesiones cerebrales

Desde el punto de vista genético, hasta ahora no se ha encontrado ningún gen que sea responsable de la aparición de la enfermedad. Sin embargo, a menudo existe un vínculo genético. Los estudios han demostrado que las personas con un gemelo idéntico que padece esquizofrenia tienen hasta un 65% de probabilidades de desarrollar la enfermedad, frente al 1% de la población general. En el caso de los hijos biológicos de padres diagnosticados de esquizofrenia, las probabilidades son del 50%. Aunque hay multitud de pruebas que apoyan la existencia de una conexión genética, el patrón hereditario exacto sigue sin estar claro. A veces, hay mutaciones genéticas en juego. Un cambio menor en los genes -tan aparentemente insignificante como la supresión o duplicación de un solo nucleótido- puede hacer que el individuo tenga automáticamente un mayor riesgo de desarrollar la enfermedad.

Muchos profesionales creen que las personas con esquizofrenia tienen más probabilidades de haber sufrido algún tipo de complicación durante el embarazo o el parto de su madre. Entre los aspectos específicos que podrían causar el desarrollo de la esquizofrenia se incluyen:

- Peso al nacer inferior a la media

- Nacimiento prematuro

- Asfixia al nacer

Además de estos tres factores, se cree que la salud de la madre durante el embarazo también puede influir, en concreto si ha padecido un virus. La explicación que se suele proponer es que estos factores pueden influir en el desarrollo cerebral del feto.

Factores como las mutaciones genéticas, la herencia y las complicaciones congénitas que están completamente fuera del control del individuo no significan que vaya a desarrollar esquizofrenia definitivamente. De hecho, algunos factores ambientales desempeñan un papel mucho más importante a la hora de determinar si una persona desarrollará o no la enfermedad. Los traumas infantiles son uno de los desencadenantes más comunes de la esquizofrenia, y los niños que sufren casos graves tienen tres veces más probabilidades de padecer esquizofrenia de mayores. Además, los pacientes con un trastorno psicótico que estuvieron expuestos a un trauma en su infancia tenían dos veces más probabilidades de actuar de forma violenta que los que no estuvieron expuestos a un trauma. Esto hace que muchos crean que las experiencias por las que pasa un niño a medida que se desarrolla es una de las piezas más influyentes en el desarrollo y la gravedad de la esquizofrenia más adelante en la vida. Hasta el 85% de los pacientes con esquizofrenia declaran haber sufrido algún tipo de trauma o abuso en la infancia.

Durante mucho tiempo se ha señalado que los hombres eran más propensos a desarrollar la enfermedad antes que las mujeres, y con una mayor gravedad de los síntomas, por término medio. Esta diferencia desconcertó a los científicos durante mucho tiempo, pero estudios recientes han respaldado la hipótesis de que el estrógeno actúa como amortiguador de la aparición de la enfermedad. De hecho, de 276 mujeres con esquizofrenia que ingresaron en un centro de atención psiquiátrica, 127 lo hicieron en un momento de su ciclo hormonal en el que había menos estrógenos presentes en su organismo. Dado que es muy probable que el estrógeno desempeñe un papel crucial en la esquizofrenia, no es de extrañar que los hombres sean víctimas de ella antes y con mayor crudeza.

Una influencia que se está estudiando actualmente en relación con la esquizofrenia es el consumo de drogas en la adolescencia y en los primeros años de la edad adulta. Cuando las personas consumen drogas, como cocaína, LSD, cannabis o anfetaminas, a menudo experimentan síntomas psicóticos mientras dura el subidón. Aunque las drogas en sí no causan directamente la esquizofrenia, un consumo elevado de cannabis en la adolescencia aumenta las probabilidades de desarrollarla. Muchas personas que, sin saberlo, son portadoras de ciertos genes que alteran la química cerebral y consumen cannabis con regularidad se exponen a un mayor riesgo. Las personas que empiezan a consumir cannabis antes aumentan aún más este riesgo, ya que su cerebro está justo en medio de su desarrollo y sus cambios son muy vulnerables a ser influenciados.

Diferencias en la estructura y el funcionamiento del cerebro

Muchos de los factores mencionados anteriormente son ejemplos de cosas que pueden influir en un cambio de la estructura, la función o la química del cerebro. Algunos incluso llaman a categorizar la esquizofrenia específicamente como una enfermedad cerebral. La mayoría de estos cambios físicos en el cerebro pueden observarse mediante tomografía computarizada (TC) y resonancia magnética (RM). A menudo, una persona con esquizofrenia se someterá a estas exploraciones tras su primer episodio psicótico. A través de estas técnicas, se suele observar la presencia de ventrículos agrandados y atrofia cortical en pacientes con esquizofrenia. En otras palabras, los cerebros de las personas con esquizofrenia presentan cavidades agrandadas que transportan líquido cefalorraquídeo, junto con un proceso en el que la parte externa del cerebro degenera progresivamente. Cuanto más tiempo lleva una persona con esquizofrenia, más se agrandan sus ventrículos. Esto demuestra que la esquizofrenia provoca diferencias muy calculables en la salud física del cerebro y no sólo síntomas psicológicos.

La materia gris del cerebro es otra de las grandes preocupaciones de los afectados. Podría decirse que es una de las estructuras más importantes del cerebro, responsable de que éste procese adecuadamente la información. Su color gris proviene de su alta concentración de cuerpos celulares neuronales y células gliales. En los pacientes con esquizofrenia, el volumen de materia gris se reduce una media del 25%. De hecho, cuanto mayor es la gravedad de los síntomas del paciente, menos materia gris tiene. Una cantidad reducida de esta materia gris se asocia comúnmente con la enfermedad de Alzheimer, la depresión y el trastorno de estrés postraumático (TEPT). Esto podría explicar por qué tantas personas con esquizofrenia son considerablemente más propensas a desarrollar depresión. En casos menos extremos, una menor cantidad de materia gris se asocia a una disminución de las funciones cognitivas, como la capacidad de aprendizaje y la calidad de la memoria.

La experiencia muy prevalente de traumas infantiles entre las personas con esquizofrenia también desempeña un papel importante en la identificación de factores que pueden desencadenar el desarrollo de la enfermedad. En concreto, se ha descubierto que la conectividad del cerebro entre su cíngulo posterior -una estructura que afecta a la atención visual y a la función motora ejecutiva- y la amígdala -responsable de nuestra capacidad para procesar emociones fuertes, como el miedo y el placer- está significativamente disminuida. Esto no sólo empeora las capacidades cognitivas de la persona, sino que la predispone a desarrollar esquizofrenia.

Hipótesis de la dopamina

La hipótesis de la dopamina se propuso por primera vez cuando se descubrió que la dopamina es un tipo de neurotransmisor en el cerebro. Un neurotransmisor es básicamente un mensajero químico de las neuronas a otras neuronas, músculos o glándulas. Estos neurotransmisores se encargan de regular determinados procesos, como:

- Frecuencia cardiaca

- Funciones respiratorias

- Digestión

- Dormir

- Estado de ánimo

- Apetito

- Concentración

- Movimiento muscular

El neurotransmisor dopamina es el responsable de nuestra capacidad para sentir placer. También interviene en nuestros niveles de concentración y motivación. Existen dos receptores específicos de la neurotransmisión dopaminérgica cuyas actividades pueden influir en la intensidad de ciertos síntomas esquizofrénicos, denominados D1 y D2. El primero es responsable de detalles como la memoria, la atención y el control de los impulsos, mientras que el segundo se centra en factores como el sueño, la atención, la memoria y el aprendizaje.

La hipótesis de la dopamina sugiere que los niveles de actividad a los que funcionan estos dos receptores de neurotransmisión de dopamina influyen en los síntomas de la esquizofrenia. En particular, se teoriza que si los receptores D2 son hiperactivos y aumentan su transmisión de dopamina, los síntomas positivos de la esquizofrenia son más fuertes. Por el contrario, los síntomas negativos y cognitivos se atribuyen a la hipoactividad de los receptores D1.

Esta hipótesis desempeña un papel fundamental a la hora de respaldar la conexión entre los traumas infantiles y el desarrollo de la esquizofrenia. La teoría de la sensibilización al estrés afirma que los niños que crecieron en un entorno más duro son más propensos a desarrollar enfermedades mentales. En el ámbito de la esquizofrenia, esto es aplicable en el sentido de que la sensibilización al estrés aumenta la reactividad del eje hipotálamo-hipófisis-suprarrenal (HPA) de una persona, que es responsable de proporcionar reacciones adecuadas al estrés. Cuando aumenta la reactividad del HPA, se produce la sobreestimulación de los receptores D2 anteriormente comentada y aumenta la presencia de síntomas esquizofrénicos positivos.

CAPÍTULO 2: SIGNOS Y SÍNTOMAS

La esquizofrenia, como ya se ha mencionado, presenta una gran variedad de síntomas. Es fundamental estar atento a los signos de esquizofrenia propios o de un ser querido, ya que debe buscarse tratamiento lo antes posible. Esperar a recibir ayuda para la esquizofrenia significa que la materia gris y el volumen cerebral general siguen disminuyendo y pueden causar complicaciones graves que son mucho más difíciles de tratar más adelante.

Lo que se ve en los medios de comunicación no representa con exactitud el aspecto más habitual de la esquizofrenia. Cuando los medios de comunicación se centran en casos de la vida real, normalmente sólo lo hacen en los incidentes más graves de esquizofrenia, creando la ilusión de que todos los casos son así. Esto no podría estar más lejos de la realidad, que implica un espectro de síntomas que afectan a diferentes capacidades cognitivas, problemas sensoriales y comportamientos. Una persona puede presentar sólo algunos de los síntomas y no otros, mientras que los síntomas de otra persona pueden cambiar por completo a lo largo de la enfermedad. Curiosamente, una persona que experimenta un inicio más tardío de la esquizofrenia tiene más probabilidades de ver una disminución gradual de los síntomas asociados.

En general, la esquizofrenia es una enfermedad bastante debilitante, siendo las dificultades para comprender estímulos y elegir una respuesta adecuada algunos de los principales indicadores de la afección. Un ejemplo de ello sería sonreír o reír tras recibir la noticia de que un ser querido está herido o ha fallecido. Para el individuo afectado por la esquizofrenia, esto suele provocar que se sienta desconectado o confundido con la realidad. Esta incapacidad para ordenar adecuadamente los acontecimientos y dar una respuesta adecuada es un signo de lo que se suele denominar "afecto inapropiado". El afecto inadecuado suele ser un signo de otros trastornos psicóticos, como la esquizofrenia, pero también puede ser un trastorno independiente. Puede reconocerse por una grave reducción de la expresión emocional de la persona. Para una persona ajena, el afecto inapropiado parece manifestarse en las personas con esquizofrenia a través de reacciones extrañas debidas a sus alucinaciones o paranoias sobre las acciones de otras personas.

Fases de la esquizofrenia

Existen tres fases distintas de la esquizofrenia que se producen de forma diferente en cada individuo afectado. Estas tres incluyen:

1. La fase prodrómica

2. La fase activa

3. La etapa residual

La fase prodrómica

La fase prodrómica es la fase más temprana de la enfermedad, durante la cual el individuo experimenta cambios sutiles en su cognición y comportamiento. Los síntomas de esta fase prodrómica no suelen asociarse a lo que la mayoría de la gente piensa cuando piensa en la esquizofrenia. Esto hace que la mayoría de las personas no sean conscientes en absoluto de que en realidad están atravesando las primeras fases de la enfermedad. Los síntomas durante la etapa prodrómica incluyen:

- Cambios de humor

- Dificultad de concentración

- Patrones de sueño anormales

- Una nueva aparición de depresión o ansiedad

- Una sensación de desconfianza en los demás que antes no existía

- Retraimiento social

- Falta de energía y motivación

- Pérdida de interés por las cosas que solían proporcionar placer.

La fase prodrómica de la enfermedad puede durar desde unas pocas semanas hasta varios años. Aproximadamente el 75% de las personas con esquizofrenia afirman haber pasado por la fase prodrómica. Detectar la esquizofrenia en esta fase temprana puede ser muy beneficioso para la persona, ya que el tratamiento durante esta fase puede prevenir los síntomas de psicosis que aparecerían más adelante. Por desgracia, el tratamiento es extremadamente raro en esta etapa, ya que muchas personas que presentan los síntomas comunes de la etapa pro-drómica de la esquizofrenia muestran signos que también se observan en otras enfermedades mentales; diferenciar quién desarrollará las etapas posteriores de la esquizofrenia y quién no es increíblemente difícil. Además, la mayoría de las personas externas que observan a un ser querido mostrando estos síntomas no pensarán que es un signo de esquizofrenia y asumirán que se trata de una fase temporal del comportamiento. Sin embargo, ocurre que algunas personas en la fase prodrómica de la esquizofrenia nunca la superan.

La fase activa

La siguiente fase de la esquizofrenia es la fase activa, también conocida como esquizofrenia aguda; incluye los signos más evidentes y característicos de la enfermedad. Por término medio, una persona que se encuentra en esta fase de la enfermedad lleva dos años mostrando signos de la misma. Durante la fase activa, los profesionales médicos solían clasificar la enfermedad en uno de los cinco subtipos siguientes:

- **Esquizofrenia catatónica.** Se trata de un tipo de esquizofrenia en el que el individuo afectado tiene periodos de tiempo en los que se mueve muy poco y no responde a las peticiones. Esto puede compensarse con otros periodos de tiempo llenos de hiperactividad e imitación de los movimientos o el habla de los demás.

- **Esquizofrenia desorganizada.** En esta forma de esquizofrenia, la persona tiene graves dificultades para mantener la concentración. Es probable que cambie a temas sin conexión y a menudo dice cosas ilógicas.

- **Esquizofrenia paranoide.** Los individuos con esquizofrenia paranoide experimentan muchos pensamientos delirantes y luchan por diferenciarlos del pensamiento habitual. Algunos creen que los medios que observan les envían mensajes específicos, mientras que otros están convencidos de la mala intención de los demás.

- **Esquizofrenia residual.** De forma similar al tercer estadio de la esquizofrenia, el tipo residual solía asignarse a aquellos individuos que tenían antecedentes de episodios esquizofrénicos pero ya no los presentaban.

- **Esquizofrenia indiferenciada.** Este subtipo solía asignarse a individuos que presentaban algunos síntomas de esquizofrenia, pero no los suficientes como para considerar que padecían una de las categorías anteriores.

Sin embargo, este sistema no funcionó bien para diagnosticar la enfermedad debido a los numerosos solapamientos entre los subtipos propuestos. Por este motivo, los profesionales médicos ya no intentan clasificar la forma única de esquizofrenia de cada individuo en categorías y, en su lugar, la examinan como un espectro de tipos e intensidades de síntomas.

Síntomas positivos, negativos y cognitivos

A lo largo de la esquizofrenia, la mayoría de las personas desarrollan una combinación de tres tipos de síntomas. El pico de estos síntomas se produce durante la fase activa, y los síntomas positivos a veces disminuyen en la fase residual. Los tres tipos incluyen:

- Síntomas positivos

- Síntomas negativos

- Síntomas cognitivos

Se denominan síntomas positivos a aquellos que proporcionan la presencia de síntomas o una exageración del funcionamiento normal. Suelen hacer que el individuo se sienta fuera de contacto con la realidad y afectan gravemente a sus procesos de pensamiento, percepciones y comportamientos. Los síntomas positivos pueden incluir:

- **Alucinaciones.** Una persona percibe el mundo que le rodea de forma diferente a los demás. Las alucinaciones pueden afectar a los cinco sentidos: el oído, la vista, el tacto e incluso los sentidos del olfato y el gusto. A menudo, las personas con esquizofrenia que sufren alucinaciones oyen cosas que los demás no oyen, sienten cosas en el cuerpo, como que algo les toca, o ven visiones de luz inexistente, deformaciones e incluso personas de aspecto realista. Las alucinaciones más comunes entre las personas con esquizofrenia son las auditivas y las visuales, mientras que las otras tres son mucho menos frecuentes.

- **Delirios.** El individuo afectado está convencido de creencias que no son ciertas. Lo más frecuente es que estas ideas parezcan extrañas a la persona externa. De hecho, hay seis tipos principales de delirios comunes a la esquizofrenia:

- **Los delirios persecutorios** se producen cuando la persona cree que alguien "va a por ella". Puede pensar que alguien le está siguiendo, engañando, acechando o persiguiendo.

- **Los delirios referenciales** hacen que la gente piense que los medios de comunicación públicos contienen mensajes secretos dirigidos específicamente a ellos.

- **Los delirios somáticos** convencen a la persona de que hay algo profundamente erróneo en su cuerpo. Esta convicción puede ser de problemas de salud realistas o de problemas de salud inexistentes, como estar infestado de insectos.

- **Los delirios erotomaníacos** incluyen creencias irracionales relacionadas con las relaciones románticas. Por ejemplo, pueden estar convencidos de que un famoso está enamorado de ellos.

- **Los delirios religiosos** se centran en creencias y figuras religiosas. El individuo puede creer que es una especie de deidad o que está poseído por un demonio.

- **Los delirios grandilocuentes** se producen cuando una persona está convencida de que es algún tipo de personaje público famoso.

- **Pensamientos desorganizados.** La persona es incapaz de formar pensamientos lógicos o de expresar lo que tiene en mente. A menudo, esto se manifiesta como cambios rápidos de temas, combinaciones confusas de palabras, etc.

- **Movimientos anormales.** Una persona con esquizofrenia puede mostrar movimientos y funciones motoras extrañas. Esto se asocia a menudo con un comportamiento catatónico.

Los dos primeros de estos síntomas positivos, las alucinaciones y los delirios, son síntomas de psicosis. Provocan un distanciamiento de la realidad de la vida y hacen que a algunas personas les resulte difícil identificar si lo que están experimentando es real o falso. Con el tiempo, y con los cuidados adecuados, la persona puede aprender a distinguir entre ambos y adaptarse a vivir en la realidad.

A diferencia de los síntomas positivos, los síntomas negativos reciben su nombre por el hecho de que restan alguna característica al funcionamiento mental normal de la persona. Los síntomas negativos primarios suelen considerarse los síntomas subyacentes de la esquizofrenia que están presentes independientemente de que lo estén o no los síntomas positivos. Los síntomas negativos secundarios también pueden incluir los provocados por la medicación utilizada para tratar la propia esquizofrenia. De hecho, muchas personas que envejecen y experimentan una disminución de los síntomas positivos también verán un aumento de la gravedad de los síntomas negativos. Estos síntomas afectan tanto al mundo interior de la persona como a su forma de expresarse, lo que incluye:

- Falta de interés

- Retraimiento social

- Falta de placer

- No ser capaz de satisfacer las necesidades de la vida diaria, como la higiene.

- Falta de expresión emocional

- Voz sin emociones al hablar

- Falta de contacto visual

Exploraciones como la resonancia magnética o la tomografía por emisión de positrones (PET) han demostrado que los niveles de actividad en el córtex frontal medio y el córtex parietal inferior del cerebro de los pacientes con esquizofrenia son significativamente más bajos que los de la población general. Además, los científicos han descubierto que cuanto menor es la actividad en estas zonas, más intensos son los síntomas negativos que experimenta la persona.

Paul Eugen Bleuler, psiquiatra suizo de los siglos XIX y XX, agrupó los síntomas negativos en lo que hoy se conoce como las cuatro A:

- Alogia: extrema falta de palabra de una persona

- Autismo: desconexión de la persona con la realidad exterior

- Ambivalencia: las reacciones extremas que muestra una persona con esquizofrenia.

- Embotamiento del afecto: enmascaramiento de ciertos síntomas del individuo hasta que los desencadena un acontecimiento exterior.

Se cree que las cuatro A son síntomas de la esquizofrenia que están presentes durante toda su duración. Son estos síntomas fundamentales propuestos por Bleuler los que han ayudado a los científicos modernos a ampliar la presencia de síntomas negativos en los pacientes de esquizofrenia.

La última categoría moderna de síntomas esquizofrénicos es la cognitiva, lo que significa que ralentizan la capacidad del cerebro para procesar información. Afectan al pensamiento, la memoria y la capacidad de planificación de la persona.

A veces, los síntomas cognitivos son bastante sutiles, mientras que para otros son graves y persistentes. Los síntomas cognitivos incluyen:

- Problemas de concentración

- Dificultad para asimilar nueva información

- Dificultad para expresar sus ideas

De acuerdo con la conexión examinada anteriormente entre los supervivientes de traumas infantiles y la esquizofrenia, el tipo de experiencias que el paciente vivió de niño puede influir en los síntomas que padece. Por ejemplo, los estudios muestran que los niños que sufrieron abusos sexuales son más propensos a desarrollar alucinaciones, y los niños que crecieron en un hogar infantil son más propensos a desarrollar paranoia. Esto respalda aún más la idea de que las experiencias vividas de niño afectan a la función cerebral de tal forma que hacen considerablemente más probable la aparición de la esquizofrenia y sus síntomas.

La etapa residual

La última etapa de la esquizofrenia es la etapa residual. Se puede considerar como una etapa de recuperación gradual -al menos una disminución- de ciertos síntomas. La mayoría de las veces, las personas en la etapa residual no experimentan síntomas graves, como alucinaciones o delirios. Los síntomas comunes a esta etapa coinciden con los síntomas negativos de la enfermedad. Desgraciadamente, la depresión es bastante común entre los que se encuentran en la fase residual, ya que reconocen los efectos que la esquizofrenia ha tenido en ellos y en su vida. Si se controla adecuadamente cualquier empeoramiento de los síntomas de depresión o las recaídas de los episodios esquizofrénicos, es más probable que la persona mantenga un bienestar emocional estable. Para que una persona progrese con seguridad a esta fase, deben tomarse las medidas adecuadas durante la fase activa en términos de tratamiento. De lo contrario, si no se trata, los síntomas de la fase activa pueden permanecer durante meses y reaparecer con bastante frecuencia. Esto supone una gran amenaza para la salud de la persona y reduce sus posibilidades de llevar una vida normal en sociedad.

Experiencias comunes

Los desencadenantes son acontecimientos muy estresantes cuya aparición puede provocar la aparición de esquizofrenia en personas con riesgo de padecerla. Los desencadenantes más frecuentes son:

- Muerte de un ser querido

- Pérdida de empleo

- Personas sin hogar

- El fin de una relación, incluido el divorcio

- Abuso: físico, sexual o emocional

Estos y otros acontecimientos pueden hacer que el individuo experimente un shock o una cantidad de estrés grave que provoque que el cerebro empiece a funcionar de forma anormal.

Algunos especialistas dividen aún más las fases de la esquizofrenia, más allá de las etapas prodrómica, activa y residual. En concreto, examinan la fase prodrómica en dos partes: la fase prodrómica inicial, en la que los síntomas son extremadamente leves, y la fase prodrómica avanzada, en la que se refuerzan los síntomas subclínicos. A continuación, la fase activa también se divide en dos, con la fase de psicosis temprana, en la que los síntomas se manifiestan como episodios psicóticos en su peor momento, y la fase media, en la que los síntomas siguen activos pero no son tan frecuentes. En este método de categorización, la fase residual se denomina "fase de enfermedad tardía", pero sus síntomas siguen siendo los mismos que en el sistema de tres categorías.

Una conexión interesante que se ha observado a lo largo de la existencia de la esquizofrenia reconocida es la que existe con la religión y la espiritualidad. Como se ha visto con los síntomas positivos, muchos aspectos religiosos suelen estar vinculados a las experiencias de esquizofrenia de las personas. Existen numerosas similitudes que se solapan entre las alucinaciones auditivas y visuales y las experiencias religiosas. De hecho, muchas personas tienden a acudir a un sacerdote en busca de ayuda en lugar de a un profesional médico cuando entran en contacto por primera vez con delirios y alucinaciones esquizofrénicos. Muchos delirios y alucinaciones son directamente paralelos a las experiencias de quienes buscan exorcismos: apariciones demoníacas, deformidades demoníacas de su propio cuerpo, estar poseído por un demonio, etc. Por ejemplo, los pacientes cristianos y católicos romanos con esquizofrenia son más propensos a tener delirios religiosos de culpa y pecado que los pacientes que creen en otras religiones. Aunque todavía no se ha llegado a ninguna conclusión sobre la relación entre esquizofrenia y religiosidad, esto demuestra que las convicciones previas de una persona pueden influir en los síntomas que experimenta. En otras palabras, las creencias, pensamientos y miedos específicos a los que una persona se aferraba antes de la aparición de la esquizofrenia pueden desempeñar un papel importante en la formación de patrones de pensamiento y delirios durante la fase activa de la esquizofrenia.

CAPÍTULO 3: DIAGNÓSTICO Y TRATAMIENTO

Nunca se insistirá lo suficiente en la importancia de buscar ayuda inmediatamente después de la aparición de la esquizofrenia. Cuanto antes se produzca la intervención, más positivos serán los resultados del tratamiento. De hecho, un tratamiento adecuado tras el primer episodio psicótico de una persona disminuye la aparición de recaídas en más de un 50%. Por desgracia, muchas personas que experimentan los síntomas por sí mismas pueden ver afectadas sus capacidades cognitivas hasta el punto de no ser conscientes de sus afectaciones y, por lo tanto, no buscan tratamiento para sí mismas. Cuanto más tiempo pase sin que se trate la esquizofrenia antes de participar en la terapia y los medicamentos adecuados, menos beneficiosos serán sus efectos.

El diagnóstico de la esquizofrenia plantea muchas dificultades. Para el profesional médico, esto se debe a la aparición esporádica común a la mayoría de las manifestaciones de la esquizofrenia, con muchos episodios psicóticos que aparecen y desaparecen de forma inesperada. No todos los pacientes de esquizofrenia experimentarán un episodio psicótico extremadamente grave que lleve a su hospitalización y posterior diagnóstico. Para algunos, las alucinaciones comienzan de forma tan leve que la persona ni siquiera está segura de haberlas experimentado. Sin embargo, quienes sufren delirios suelen pensar que sus creencias son muy reales y que los demás simplemente no las comprenden.

Al tratarse de una enfermedad tan compleja y peligrosa, se convierte en una terrible amenaza para la vida de quienes no reciben el tratamiento adecuado. Las cifras muestran que el 69% de las personas que padecen esquizofrenia carecen de la atención adecuada que necesitan, y el 90% de ellas viven en países de ingresos bajos y medios. Aunque la ciencia y la investigación que hay detrás de la esquizofrenia siguen evolucionando, sus tratamientos siguen siendo inaccesibles para muchos. En el pasado, el objetivo principal era hacer que la enfermedad fuera lo más manejable posible. En otras palabras, mientras el paciente siguiera vivo y su ausencia de episodios psicóticos extremos facilitara el manejo a sus cuidadores, el tratamiento se consideraba eficaz. Desgraciadamente, muchos países que carecen de fondos para mejorar estas normas siguen empleando las mismas técnicas, lo que resta posibilidades de verdadera recuperación a muchas personas con esquizofrenia. En los países de ingresos altos, el enfoque del tratamiento de la esquizofrenia ha cambiado afortunadamente en las dos últimas décadas. Actualmente, los tratamientos se están ampliando para hacer algo más que lo mínimo indispensable. Aún queda un largo camino por recorrer, ya que muchas personas siguen sin considerar la recuperación como su verdadero objetivo, sino más bien el control de los síntomas a lo largo de un deterioro progresivo. La inaccesibilidad a los tratamientos en los países de renta alta se debe casi siempre a su coste.

Otro factor que suele poner en peligro el bienestar de los pacientes con esquizofrenia es el diagnóstico erróneo. Aunque la esquizofrenia es en realidad uno de los trastornos psiquiátricos más correctamente diagnosticados, con una tasa de acierto del 76,29%, sigue habiendo aproximadamente una posibilidad entre cuatro de que la persona reciba inicialmente un diagnóstico erróneo. Debido a que algunos síntomas positivos de la esquizofrenia se agravan con el tiempo, los síntomas iniciales de hiperactividad e hipoactividad pueden confundirse con los del trastorno bipolar. El trastorno bipolar implica síntomas similares de cambios de humor y periodos de alta motivación y energía (manía) y periodos de falta de actividad (depresión). El verdadero peligro de diagnosticar erróneamente los trastornos psiquiátricos radica en el tratamiento posterior que se asigna al paciente. Aunque algunos de los procesos de tratamiento pueden ser similares en nombre entre muchos trastornos psiquiátricos, las técnicas utilizadas en psicoterapia, por ejemplo, pueden ser muy diferentes y conducir a resultados indeseables cuando se utilizan basándose en un trastorno mal diagnosticado. Por desgracia, las personas negras y latinas que padecen esquizofrenia son las que con más frecuencia reciben diagnósticos erróneos. Algunos creen que la tasa de diagnósticos erróneos en personas de estas razas es mayor debido a malentendidos culturales.

En todo el mundo se ha comprobado que las tasas de esquizofrenia son casi el doble en los países de renta más alta. Evidentemente, esto se debe simplemente a sus mayores tasas de diagnóstico. Esto no sólo implica que hay muchas personas en todo el mundo que viven sin un diagnóstico y un tratamiento adecuados, sino que también significa que la estadística actual que muestra que menos del 1% de la población mundial está afectada por la esquizofrenia probablemente subestima enormemente la realidad.

Proceso médico de diagnóstico de la esquizofrenia

Si cree que puede haber estado experimentando signos de esquizofrenia, comience por acudir a un médico de atención primaria o a un psiquiatra que podrá realizarle una evaluación mental junto con un examen físico. A continuación, procederá a preguntarle sobre sus antecedentes familiares de trastornos psiquiátricos para ayudarle a identificar cualquier factor de riesgo subyacente que pueda aumentar sus probabilidades de desarrollar esquizofrenia. Debido a que algunos síntomas esquizofrénicos tienen similitudes con los de algunas enfermedades físicas graves, los profesionales médicos suelen realizar algún tipo de prueba diagnóstica, como una resonancia magnética, una tomografía computarizada o incluso análisis de sangre para asegurarse de que se trata realmente de un trastorno psiquiátrico el responsable de las experiencias. A veces, un tumor cerebral físico puede causar efectos similares. A menudo, incluso se emplean análisis de orina para ver si el abuso de sustancias puede estar causando las experiencias. Una vez descartadas las causas físicas, el profesional médico suele derivarle directamente a un psiquiatra especializado. Los psiquiatras son personas que han completado al menos 11 años de estudios médicos y psicológicos a nivel universitario y suelen ser los clínicos más veteranos en los grupos de psicólogos. Son los que generalmente se encargan de coordinar un equipo de especialistas y trabajadores que asistirán al individuo en todas las áreas del tratamiento de la esquizofrenia.

El proceso de diagnóstico de la esquizofrenia es difícil, largo y requiere un seguimiento meticuloso de los síntomas. Al igual que muchos otros trastornos psiquiátricos, el diagnóstico será más preciso si se tienen en cuenta los antecedentes de los síntomas y la frecuencia con que se producen. En el caso de la esquizofrenia, este proceso puede ser especialmente largo. Para que el profesional médico pueda diagnosticar con exactitud la esquizofrenia, el paciente debe haber experimentado cambios en su cognición normal y presentar al menos dos de los síntomas positivos de la esquizofrenia durante un período de tiempo de un mes. Al realizar un seguimiento de estos síntomas durante un periodo de tiempo lo suficientemente largo, disminuyen las posibilidades de un diagnóstico erróneo. Durante el proceso de diagnóstico, los médicos y terapeutas siempre utilizan manuales de diagnóstico para registrar y analizar los síntomas descritos por el paciente. En el pasado, estos manuales incluían el DSM-4 y sus predecesores, aunque suelen actualizarse tras cualquier nuevo descubrimiento. En la actualidad, el estándar es el Manual Diagnóstico y Estadístico de los Trastornos Mentales (DSM-5), publicado por la Asociación Americana de Psiquiatría. Incluye síntomas y pasos para diagnosticar un total aproximado de 157 trastornos diferentes. El DSM-5 es lo que se utiliza actualmente para evaluar correctamente a qué enfermedad mental apuntan los síntomas combinados. Otras técnicas utilizadas habitualmente incluyen una combinación de las siguientes:

- **Escala breve de valoración psiquiátrica (BPRS).** Un psiquiatra evalúa la gravedad de la esquizofrenia de una persona mediante una conversación de aproximadamente media hora de duración con el paciente y sus cuidadores.

- **Pruebas cognitivas.** Se utilizan para evaluar las capacidades de memoria, pensamiento, lenguaje e identificación.

- **Pruebas de personalidad.** Por lo general, buscan rasgos de personalidad comunes a los esquizofrénicos, como timidez grave, desconfianza, duda, falta de confianza, susceptibilidad al estrés, etc.

- **Pruebas abiertas.** Se trata de la búsqueda continua de similitudes con signos de esquizofrenia; una prueba habitual en esta categoría es el test de Rorschach.

Estos tres tipos de pruebas tienen por objeto evaluar las capacidades cognitivas del individuo y observar si existen procesos de pensamiento anormales que apunten a síntomas de esquizofrenia.

Tratamiento general

Por aterradora que pueda parecer esta enfermedad, en realidad es muy tratable. De hecho, es incluso más tratable que muchas enfermedades físicas, con una tasa de éxito del tratamiento del 60%. Una vez más, es importante recordar que su éxito depende en gran medida del momento en que se busque tratamiento: cuanto antes, mejor. La media de tiempo que transcurre entre el primer episodio psicótico de una persona y el momento en que recibe tratamiento es de seis a siete años. En ese periodo de tiempo, el volumen cerebral disminuye y las recaídas se producen con mucha más frecuencia de lo que lo harían si la persona ya hubiera estado recibiendo tratamiento. A continuación se indican los tratamientos recomendados para una persona diagnosticada de esquizofrenia:

- Medicación

- Psicoterapia

- Terapia conductual

La medicación psiquiátrica es necesaria en cuanto se diagnostica al paciente. La medicación antipsicótica se administra para ayudar al individuo a reducir y sobrellevar los síntomas graves, como alucinaciones y delirios. Existen dos generaciones de medicamentos antipsicóticos, los de primera generación -'típicos'- y los de segunda generación -'atípicos'-. Los antipsicóticos de primera generación son algo más antiguos y se utilizan principalmente para abordar los síntomas positivos de la esquizofrenia. A diferencia de los antipsicóticos atípicos, disminuyen la transmisión de dopamina. Esta categoría incluye medicamentos como:

- Thorazine

- Prolixina

- Haldol

- Loxitane

- Trilafon

- Navane

- Estelazina

Los antipsicóticos de segunda generación son un invento más reciente e incluyen:

- Abilify

- Saphris

- Clozaril

- Fanapt

- Latuda

- Zyprexa

- Invega

- Risperdal

- Seroquel

- Geodon

La medicación antipsicótica atípica se utiliza generalmente para ayudar a estabilizar los síntomas negativos, como los cambios de humor, la disminución de la motivación y el procesamiento confuso del pensamiento. Entre ellos, la clozapina (clozaril) es uno de los medicamentos antipsicóticos por su capacidad única para disminuir los pensamientos suicidas en pacientes con esquizofrenia. Desgraciadamente, incluso con el gran número de beneficios que proporcionan estos medicamentos, también pueden causar algunos efectos secundarios no deseados. En el caso de la primera categoría de medicamentos, los antipsicóticos típicos, estos efectos secundarios no deseados suelen incluir problemas de movimiento y rigidez muscular. Sin embargo, los antipsicóticos atípicos no bloquean la dopamina, por lo que suelen tener efectos secundarios diferentes. En lugar de problemas de movimiento y musculares, los antipsicóticos atípicos pueden causar aumento de peso y una mayor probabilidad de desarrollar diabetes tipo dos. Podría decirse que la clozapina es el antipsicótico más utilizado para la esquizofrenia debido a su tasa de éxito del 30% en la disminución de los episodios psicóticos, además de la reducción de las tendencias suicidas. Otros efectos secundarios de los antipsicóticos típicos y atípicos pueden ser:

- Somnolencia

- Mareo

- Boca seca

- Náuseas

- Tensión arterial baja

- Menor número de glóbulos blancos

Además de los antipsicóticos prescritos, también se requieren tratamientos psicoterapéuticos para los pacientes con esquizofrenia. Los tratamientos psicoterapéuticos incluyen terapia individual, terapia de grupo y terapia cognitivo-conductual (TCC). Los tres tipos trabajan conjuntamente para ayudar a la persona a entender y aprender a manejar sus síntomas, así como a integrarse en la sociedad en situaciones sociales. La terapia individual se centra en lo primero: El terapeuta enseña a la persona a enfrentarse a cualquier pensamiento intrusivo y a reaccionar de forma que no le cause más daño. La terapia de grupo completa una tarea similar con la incorporación de otras personas que se encuentran en situaciones similares con un trastorno psicológico. La terapia cognitivo-conductual (TCC) puede ayudar a la persona a conocer los desencadenantes de sus síntomas positivos, como las alucinaciones y los delirios. Actualmente, los fármacos más eficaces para combatir los síntomas positivos de la esquizofrenia no son muy útiles para disminuir los síntomas negativos. Esto hace que muchas personas con esquizofrenia sigan estando menos preparadas en situaciones sociales. Por este motivo, cuando es necesario, el psiquiatra también puede fomentar un cuarto tipo de terapia, la terapia de mejora cognitiva (CET), que combina ejercicios cognitivos por ordenador y terapia de grupo para mejorar las habilidades sociales y el funcionamiento cognitivo del individuo.

Una vez que una persona lleva algún tiempo participando en el tratamiento, sus psiquiatras aplican la Escala de Síndrome Positivo y Negativo (PANSS) para hacer un seguimiento de sus efectos. La prueba PANSS suele realizarse a intervalos comunes y es similar a la prueba BPRS realizada durante el diagnóstico inicial: El psiquiatra realiza una entrevista de 30 minutos y compara los resultados con los anteriores para ver cómo está funcionando la combinación de medicación y terapia proporcionada. Evalúan 30 ítems diferentes recogidos en la PANSS y proporcionan una puntuación entre 30 y 210 puntos. Si deciden realizar evaluaciones más detalladas, es probable que recurran a las pruebas de la Escala para la Evaluación de los Síntomas Positivos (SAPS) y la Escala para la Evaluación de los Síntomas Negativos (SANS). La SANS examina al paciente en busca de signos de cualquiera de los 25 síntomas negativos totales de la esquizofrenia, mientras que la SAPS hace lo mismo con 34 síntomas positivos totales. Con el tiempo, todos estos resultados se comparan con los anteriores para indicar si el tratamiento está funcionando o si debe modificarse para maximizar su eficacia. La buena noticia es que, transcurridos 10 años desde el diagnóstico, aproximadamente la mitad de las personas con esquizofrenia están recuperadas o lo suficientemente tratadas como para poder vivir normalmente en sociedad.

Sin embargo, el coste de la atención deja a muchas personas participando sólo en parte de los tratamientos que necesitan o sin ningún tratamiento en absoluto. El tratamiento y la recuperación de la esquizofrenia son dos veces más caros que los de la depresión. Muchos costes extremos se producen si el paciente tiene tendencias suicidas o violentas que dan lugar a tratamiento adicional, hospitalización o arresto. El coste de tratar adecuadamente la esquizofrenia puede ascender a 57.000 dólares anuales en Estados Unidos. En el pasado, la mayor parte de este coste anual procedía de la atención hospitalaria; ahora, la mayor parte de este coste procede de la medicación antipsicótica debido al aumento de su uso. Por desgracia, debido a su gravedad, la esquizofrenia aumenta el riesgo de pobreza de las personas, y la única ayuda económica que pueden recibir algunas personas con esquizofrenia son las prestaciones por discapacidad, si cumplen todos los requisitos. Las personas con síntomas positivos graves de esquizofrenia pueden optar por la hospitalización voluntaria si sienten que están perdiendo el control sobre sí mismas o sobre sus síntomas. Una media de 90.000 personas en Estados

Unidos reciben atención hospitalaria por esta enfermedad en un momento dado. Una vez que sus síntomas están bajo control y son lo suficientemente estables como para reincorporarse a sus vidas, reciben el alta hospitalaria. Si la atención requiere un tratamiento más prolongado, algunos optan por ingresar en centros especializados de atención psiquiátrica. Para todo el país de Estados Unidos, los costes totales se acumulan en más de 62.000 millones de dólares al año, de los cuales 22.700 millones son costes directos y el resto resultan de la disminución de la productividad, la falta de vivienda y otros factores.

Estrategias de autogestión

Los profesionales deben recetar medicación, como antipsicóticos, y guiar al paciente a través de diversas estrategias terapéuticas y evaluaciones. Estos métodos oficiales hacen maravillas a la hora de ayudar a las personas con esquizofrenia a mejorar sus vidas y llevarlas con la mayor regularidad posible. Sin embargo, cada entorno y situación es diferente para las personas con esquizofrenia, y muchas buscan formas adicionales de ayudarse en su camino hacia la recuperación. De hecho, un estudio descubrió que el 48% de las personas que viven con esquizofrenia confían mucho en las técnicas de autocontrol para controlar sus síntomas. Algunas estrategias comunes de autocontrol utilizadas por muchas personas con esquizofrenia son:

- Pensar en contraargumentos contra sus delirios

- Identificar algunos aspectos positivos de la enfermedad, como un sentimiento de conexión con la espiritualidad o la naturaleza y la capacidad de sentir emociones más fuertes que una persona normal.

- En momentos de profunda desconfianza en los demás, recordar cualquier época en la que sintieron un fuerte amor por alguien.

- Fomentar las relaciones positivas en sus vidas

- Recordarse a sí mismos los resultados positivos y cultivar el optimismo

- Crear una rutina alcanzable y cumplirla en la medida de lo posible

Evidentemente, muchos de estos métodos de autogestión se hacen más fáciles con el tiempo y se refuerzan con la terapia esencial en la que se participa. Juntos, la terapia y los trucos de autocontrol facilitan que una persona se libere de los patrones de pensamiento negativos y maximice sus posibilidades de recuperación. Afortunadamente, la autogestión acaba convirtiéndose en un hábito natural y sigue ayudando a la persona a minimizar el riesgo de recaída. De hecho, el 30% de las personas con esquizofrenia viven con normalidad a los 10 años de su diagnóstico, incluso después de dejar de tomar la medicación antipsicótica.

Otro método útil para tratar la esquizofrenia es el uso de un animal de apoyo. Lo más habitual es adoptar un perro de asistencia psiquiátrica (PAD), o un perro de servicio adiestrado específicamente para ayudar a personas diagnosticadas con una enfermedad mental. Ayudan a la persona reduciendo la ansiedad e incluso pueden indicar cuándo la persona está mostrando signos de alucinación. Sin embargo, algunas personas recurren a pasar tiempo con cualquier otro animal que parezca disminuir los síntomas positivos. Por ejemplo, Molly Wilson, a quien diagnosticaron esquizofrenia cuando sólo tenía 16 años, descubrió que sus alucinaciones auditivas desaparecían cuando pasaba tiempo con caballos. La conexión y el vínculo que pueden formarse entre una persona con esquizofrenia y un animal pueden ser una herramienta muy eficaz para la autogestión.

CAPÍTULO 4: HISTORIA DE LA ESQUIZOFRENIA Y LA ATENCIÓN PSIQUIÁTRICA

La esquizofrenia y sus complejidades han planteado muchos problemas a lo largo de su historia, tanto a los investigadores que intentaban comprenderla como a los pacientes que tenían que sufrir la falta de conocimientos de la ciencia sobre el tema. Durante mucho tiempo, la esquizofrenia ni siquiera se identificó como una enfermedad independiente, sino que se trató igual que cualquier otro trastorno psicológico.

En el siglo XII, el Bethlem -a menudo llamado "Bedlam"- se construyó como una fuente de refugio para las personas que tenían problemas para vivir en sociedad. Primero se llamó Priorato de Santa María de Belén y se utilizó en un sentido religioso. Más tarde, pasó a conocerse simplemente como hospital de Bethlem. Durante casi cinco siglos, su prioridad fue proporcionar un lugar donde alojarse a quienes eran demasiado pobres para costearse su propia vivienda. Con el tiempo, las personas con enfermedades mentales empezaron a acudir al Bethlem debido a su incapacidad para cuidarse solas. Fue reconstruido a finales del siglo XVII y declarado oficialmente asilo. Era famoso por su magnífico exterior, que incluso reflejaba el aspecto del Palacio de Versalles en Francia, aunque sus cimientos eran tan débiles y estaban tan mal construidos como el sistema de cuidados que albergaba en su interior.

Durante siglos, el Bethlem fue el único centro de atención del Reino Unido disponible para quienes luchaban contra todas y cada una de las enfermedades mentales. Sin embargo, no era así como se definía, ya que las enfermedades mentales se consideraban entonces enfermedades físicas y se trataban como tales. Así pues, los tratamientos del hospital de Bethlem incluían vómitos inducidos, diarrea y sangrías, todo ello como medio de purgar el cuerpo de lo que fuera que estaba enfermando a la persona. Estos tratamientos no se interrumpían hasta que se creía que la persona estaba curada, lo que obviamente provocaba la muerte de la mayoría de los pacientes. Las condiciones en el interior eran horribles y se asemejaban más a una cárcel tortuosa que a un lugar de refugio o cuidado. La mayoría de los médicos de la época creían que las enfermedades mentales que padecían los pacientes les quitaban el sentido del miedo, la vergüenza y las emociones normales, por lo que era "aceptable" que el personal abusara física, verbal y mentalmente de ellos. El ambiente caótico e infernal del Bethlem lo convirtió en una enorme atracción turística y no vio ninguna mejora en la atención, ya que los puestos de trabajo en la institución se otorgaban únicamente a través del nepotismo. Bethlem no ofrecía curas, tratamientos ni cuidados, y suponía un gran riesgo de lesiones y muerte para los ingresados. Lamentablemente, todas las instituciones que se construyeron a partir de entonces para mejorar la atención a los enfermos mentales graves, como la esquizofrenia, tuvieron el mismo final, ya que las condiciones eran cada vez más abusivas.

¿Por qué, entonces, ingresaban tantas personas en estos llamados centros de atención? Por lo general, se debía simplemente a la incomodidad y la carga que la gente sentía hacia la condición del individuo afectado. En definitiva, estos lugares eran cárceles horripilantes que impedían que los individuos con enfermedades mentales afectaran a sus amigos y familiares.

Con el tiempo, estos trastornos se reconocieron como algo que tenía que ver con la mente y no con el cuerpo físico. Estos trastornos se clasificaron entonces en las cuatro categorías siguientes:

- Melancolía: similar a la depresión moderna

- Manía: episodios maníacos

- Demencia: similar a la esquizofrenia moderna

- Locura moral: también similar a la esquizofrenia moderna

Mirando ahora hacia atrás, se ha establecido que si un paciente que se registraba tenía melancolía, manía y demencia al mismo tiempo, probablemente sufría de lo que ahora se conoce como trastorno bipolar.

En el siglo XIX se construyeron cada vez más manicomios en el Reino Unido, Estados Unidos y muchos otros países. Sin embargo, las condiciones no mejoraron mucho en muchas de las nuevas instituciones. Se utilizaban cirugías cerebrales infundadas, terapias de electrochoque extremas y cantidades masivas de fármacos sedantes para "tratar" y contener los síntomas que presentaban los pacientes. Muchas de estas tácticas se mantuvieron hasta bien entrado el siglo XX. En 1943, los médicos del Centro Psiquiátrico Willard de Estados Unidos administraron 1443 tratamientos de electrochoque sin anestesia ni medidas de seguridad. Las condiciones de Willard no mejoraron en la siguiente mitad del siglo y finalmente se cerró para siempre en 1995. A lo largo del siglo XX, incluso los manicomios que no empleaban métodos tan abusivos para el tratamiento recibieron muchas críticas debido a la institucionalización; en otras palabras, los pacientes que conseguían recuperarse no eran dados de alta debido a su incapacidad para reinsertarse en la sociedad. Esta fue otra de las razones por las que se cerraron las grandes instituciones de atención psiquiátrica y se favorecieron los centros de atención más pequeños y locales.

Los centros psiquiátricos actuales no se parecen a sus predecesores. Suelen ser edificios más pequeños y no encierran a las personas con enfermedades mentales. Ahora, los pacientes disponen de la intimidad de su propia habitación y suelen tener un horario diario organizado que incluye actividades recreativas, estudios (si son necesarios), terapia de grupo, comidas y visitas al médico. Las personas suelen permanecer en estos centros desde un par de días hasta varios meses y, por lo general, pueden abandonarlos por voluntad propia si fueron hospitalizados voluntariamente.

Primeros pasos

Antes de ser diagnosticada erróneamente como una enfermedad física y después como una variedad de manía, melancolía, demencia o locura moral, la esquizofrenia y otros trastornos psicológicos similares eran tratados por figuras religiosas. Esto fue especialmente popular entre los siglos XIV y XVI, durante los cuales se creía que estas afecciones estaban causadas por posesiones demoníacas, pactos hechos con el diablo o un castigo por los pecados. En aquella época, los afectados eran acusados de brujería y quemados en la hoguera, lo que supuso la muerte de decenas de miles de enfermos mentales. En siglos posteriores, los exorcismos fueron una técnica muy utilizada para librar a los enfermos mentales de los demonios que se creía que los poseían. A veces incluso se utilizaba el proceso de la trepanación, que consistía en perforar el cráneo de la persona afectada en un intento de liberar las causas sobrenaturales que estaban jugando con sus mentes. Curiosamente, se ha descubierto que, en el mundo moderno, las personas con esquizofrenia eran propensas a desarrollar delirios y alucinaciones de temática religiosa sólo después de que se les sugiriera tal posibilidad.

Los registros de esquizofrenia y trastornos psicológicos similares se remontan a una época tan temprana como el año 2000 antes de Cristo. Se encontraron textos que describían síntomas similares a los de la esquizofrenia en civilizaciones antiguas, desde las tierras de los actuales países africanos, asiáticos y europeos. Muchos reflejaban las mismas convicciones observadas en la época medieval, de que fuerzas sobrenaturales eran responsables de las numerosas afecciones.

La persona a la que se atribuye el mérito de haber identificado la esquizofrenia como un trastorno psicológico distinto fue el Dr. a finales del siglo XIX. La definió como "una enfermedad biológica causada por procesos anatómicos o tóxicos". Sin embargo, se refirió a ella como "dementia praecox", derivada de la categoría previamente aceptada de demencia utilizada para diagnosticar enfermedades mentales. También creía que, con la edad, la demencia precoz siempre evolucionaría hacia una demencia plena. La persona que vino a introducir el término esquizofrenia y a definirlo de forma más cercana a lo que es hoy en día es el psiquiatra suizo Eugen Bleuler, mencionado anteriormente, en 1908. También es la primera persona que reconoció realmente la variabilidad de los síntomas y afirmó que el funcionamiento cognitivo de las personas con esquizofrenia no se alteraba de forma constante, sino a veces sólo en determinadas situaciones. Pensó que el factor único de la esquizofrenia era la dualidad tanto del funcionamiento cognitivo inhibido como del distanciamiento de la realidad. Este concepto fundamental es el que fundamentó la identificación de los síntomas positivos frente a los negativos de la esquizofrenia.

La investigación moderna apunta a la probabilidad de que la esquizofrenia esté contenida en los mismos genes que dotaron al cerebro humano de su complejidad única. De hecho, las personas se volvieron más propensas a desarrollar esquizofrenia después de que el homo sapiens evolucionara a partir de los neandertales. En otras palabras, cuanto más evolucionaban los humanos, más propensos eran a desarrollar la enfermedad. Esto indica un vínculo interesante entre el gen que causa la vulnerabilidad a la esquizofrenia y los que aumentaron las capacidades de los humanos para sobrevivir. De lo contrario, los resultados naturalmente fatales del gen sobre el individuo afectado habrían provocado su eventual desaparición.

Errores del pasado

A lo largo de la historia, la esquizofrenia se ha identificado erróneamente como numerosas cosas con una variedad de supuestas causas. Estas ideas cultivaron una cultura tóxica en torno a esta y todas las demás enfermedades mentales que aún no se ha desmantelado del todo.

La asociación de la esquizofrenia con motivos religiosos y sobrenaturales hizo que mucha gente temiera a los afectados. Esto es lo que, en consecuencia, llevó a que muchos enfermos mentales fueran asesinados por ser supuestamente brujos. Otros simplemente se mantenían alejados de los afectados, y muchas familias estaban mucho más dispuestas a entregar a sus seres queridos a un lugar como el Bethlem que a proporcionarles ellos mismos cuidados. A menudo les preocupaba ser poseídos e intentaban protegerse. Además de infundir miedo a los demás, esta asociación también suponía una carga mental adicional para la persona afectada, ya que los que decían que sufría la enfermedad eran un castigo por sus pecados. En lugar de recibir apoyo, se les avergonzaba por sus supuestos pecados y se les hacía sentir culpables de su enfermedad, como si se la hubieran buscado ellos mismos. Incluso en la sociedad moderna, algunas personas siguen negando las causas biológicas de la esquizofrenia y creen que es la voluntad de un ser divino la que hace que una persona viva con esquizofrenia.

Más allá de la religión, la incomprensión de la esquizofrenia ha llevado a etiquetar a muchas personas como simples vagos, buscadores de atención e irresponsables por ser incapaces de llevar una vida normal. En realidad, la pereza es un acto consciente o una elección de alguien que no está afectado por una enfermedad mental. En el caso de la esquizofrenia, es la avolición y no la pereza lo que provoca la extrema falta de motivación de la persona, dificultándole la realización de ciertas tareas. Suele considerarse uno de los principales síntomas negativos de la esquizofrenia y también está presente en otros trastornos, como la depresión y el trastorno bipolar. Durante los episodios psicóticos, a la persona le resulta aún más insoportablemente difícil realizar incluso las tareas más sencillas, lo que la deja en una situación peligrosa.

Debido a estas acusaciones inexactas, muchas personas con esquizofrenia siguen siendo tratadas como parias e incluso son rechazadas por sus amigos y familiares. Las personas más cercanas a ellos los entregan a centros de atención psiquiátrica y se niegan a atenderlos. Se quedan sin ningún tipo de sistema de apoyo, son más propensos a acabar sin hogar y a participar en el abuso de sustancias, y cuentan con recursos muy limitados mientras inician su camino hacia la recuperación en aislamiento.

El proceso de estigmatización

Aunque la historia de la estigmatización se remonta a los primeros registros de síntomas similares a la esquizofrenia, sigue habiendo muchos sistemas sociales que siguen fomentando estas ideas. Sacan la esquizofrenia de quicio y, en lugar de tomar medidas para que el tratamiento sea accesible a más personas, la utilizan como una noticia cautivadora.

De hecho, los medios de comunicación en su conjunto tienden a transmitir información sobre la esquizofrenia a través de historias que sólo se centran en las acciones del individuo y no en cómo la enfermedad mental ha afectado realmente a millones de personas. Esto sigue permitiendo que la gente culpe a los afectados por acciones que a menudo están fuera de su control. Además, examina la esquizofrenia a través de una lente que aísla a cada individuo afectado sin tener nunca en cuenta su efecto masivo. Mucha gente nunca ha conocido la realidad de la esquizofrenia. Por eso recurren a diversos medios de comunicación para informarse sobre ella. La mayoría de los medios de entretenimiento y noticias les hacen sentir, consciente o inconscientemente, que las personas con esquizofrenia no deberían ser consideradas miembros normales de la sociedad. Lo más probable es que la mayoría de las personas que piensan así hayan estado en contacto con colegas, amigos o conocidos que viven con trastornos psicológicos, como la esquizofrenia. Lo cierto es que, a diferencia de lo que algunos puedan pensar, las personas con este tipo de trastornos no tienen ninguna obligación de revelar públicamente esta información y pueden llevar una vida normal junto a quienes no padecen enfermedades mentales.

La falta de accesibilidad a los tratamientos puede llevar a menudo a personas sin hogar y a hospitalizaciones que se repiten una y otra vez. De hecho, una encuesta ha revelado que aproximadamente una de cada tres personas sin hogar en Estados Unidos padece esquizofrenia y no tiene forma de recibir tratamiento. Ésta es sólo una de las formas en que la sociedad criminaliza las enfermedades mentales.

Cuando una persona que no puede permitirse un tratamiento tiene un episodio psicótico potencialmente peligroso, por ejemplo, no sólo se la detiene, sino que es probable que se hable de ella en los periódicos y en las noticias como otra persona "peligrosa" con esquizofrenia, lo que estigmatiza aún más a todos los que padecen este trastorno. De hecho, las personas con trastornos psicológicos, como la esquizofrenia y el trastorno bipolar, tienen diez veces más probabilidades de acabar en una celda de la cárcel que en una cama de hospital.

CAPÍTULO 5: REPERCUSIONES DE LOS ESTIGMAS MODERNOS

Aunque las cosas están mejorando, la esquizofrenia sigue considerándose en gran medida un inconveniente para el público en general. La única diferencia es que ahora, en el siglo XXI, a la sociedad no le funcionaría encerrar a la gente en manicomios con condiciones repugnantes. En su lugar, lo hacen un poco más sutilmente, siendo "un poco" la palabra clave; cualquiera que dedique un poco más de tiempo a investigar el tratamiento actual de las personas con esquizofrenia verá lo deplorable que puede ser a veces la situación.

La sociedad -en gran medida el gobierno- está fallando a las personas con trastornos psicológicos. Parece asignar tantos fondos a ciertas áreas de la sociedad mientras descuida completamente otras. Con la forma en que el gobierno muestra dónde están sus prioridades, queda bastante claro lo abajo que están en la lista las personas con enfermedades mentales. De hecho, prefieren en gran medida la salida fácil cuando se trata de esta cuestión y optan por criminalizar a las personas con enfermedades mentales. En pocas palabras, acusar y encarcelar a las personas con enfermedades mentales es considerablemente más barato que dedicar dinero a recursos de tratamiento y rehabilitación para ellas. Además, trastornos como la esquizofrenia requieren un tratamiento considerablemente más intensivo -y por tanto caro- que muchas de las enfermedades mentales más comunes, como la ansiedad y la depresión. Las personas con trastornos psicológicos graves, como la esquizofrenia, constituyen una parte mucho menor de la sociedad, lo que facilita que ésta se salga con la suya en su ostracismo y maltrato. Muy pocas personas que no tengan que ver con la esquizofrenia en sus vidas son conscientes del hecho de que casi una de cada tres cárceles de Estados Unidos retiene a personas con trastornos psicológicos graves sin cargos, simplemente porque están esperando a ser evaluadas, o están esperando a que se abra una plaza en un centro de atención psiquiátrica. Se trata de una acción muy directa que castiga literalmente a las personas con enfermedades mentales y es inquietantemente similar a las tácticas utilizadas en la época medieval.

La gente suele defender estas acciones diciendo que las personas con esquizofrenia suelen ser violentas. Sin embargo, se trata de una exageración. Sólo un pequeño porcentaje de personas con esquizofrenia llega a actuar violentamente contra otros, comparable al pequeño porcentaje del público en general que se vuelve violento. De hecho, las personas con esquizofrenia tienen 14 veces más probabilidades de ser víctimas de un acto violento que de ser detenidas por actuar violentamente ellas mismas. Los medios de comunicación pasan esto completamente por alto, ya que no muestran a la gente la realidad de la conexión entre violencia y esquizofrenia, en la que muchas personas con este trastorno suelen ser víctimas de la violencia en lugar de agresores. Esta posibilidad aumenta aún más al internar a las personas afectadas en cárceles en lugar de someterlas a tratamiento, donde se incrementa su vulnerabilidad a la violencia.

Las cárceles no son los únicos sistemas sociales en los que se trata injustamente a las personas con esquizofrenia. El sistema de empleo y los lugares de trabajo carecen por completo de adaptaciones para las personas que padecen una enfermedad mental. Las personas con esquizofrenia tienen entre seis y siete veces más probabilidades de quedarse sin trabajo que la población general. Entonces, ¿cómo se espera que paguen los tratamientos necesarios que les permitan llevar una vida normal? La respuesta sencillamente no preocupa a los que no están afectados por la esquizofrenia. Este fenómeno inaceptablemente normalizado sólo empezará a cambiar cuando se pongan en marcha medidas que ajusten el sistema de empleo para que las personas con esquizofrenia puedan encontrar y mantener un trabajo.

Otro error común sobre la esquizofrenia es que está causada por una mala crianza. Esta creencia se popularizó tras la introducción de las teorías psicoanalíticas de Sigmund Freud. Aunque hay pruebas claras que relacionan los traumas infantiles con la aparición del trastorno, un niño criado en un entorno no abusivo no va a desarrollar esquizofrenia sólo porque sus padres hayan cometido algunos errores de crianza.

Este no es el único concepto erróneo sobre la esquizofrenia que hace recaer la vergüenza sobre los padres. La gente suele esperar que los esquizofrénicos sean incapaces de llevar una vida normal. Esto se refleja en la idea de que las personas con esquizofrenia no deberían tener la responsabilidad de formar una familia o criar hijos. No sólo porque temen que aumente ligeramente la probabilidad de que sus hijos también desarrollen la enfermedad, sino también porque suponen que estas personas no son aptas para tal tarea. Si se participa en el tratamiento como es debido, las personas con esquizofrenia pueden ser completamente capaces de ser buenos y estables padres. De hecho, un estudio reveló que el 70% de las personas con padres esquizofrénicos estaban contentas con la crianza que recibieron de ellos. Criar a un hijo es mucho más que dedicarse a ser un buen padre; tanto para las personas con esquizofrenia como para las que no la padecen. Si uno de los padres experimenta episodios ocasionales de psicosis, suele ser una buena idea explicárselo a sus hijos de forma adecuada a su edad. De este modo, el niño sabe qué esperar y lo acepta como algo que ocurre, en lugar de asustarse por su percepción.

Los padres deben conocer bien las señales de advertencia de la esquizofrenia para saber qué buscar si su hijo muestra algún síntoma. A menudo se retrasa la búsqueda de tratamiento porque la gente cree que la esquizofrenia es muy poco frecuente y asume que el niño puede estar actuando como un vago o un inmaduro. Si los padres conocen los signos, es más probable que inicien antes el tratamiento si es necesario y aumenten al máximo las posibilidades de que su hijo se convierta en un adulto bien adaptado. Aunque el diagnóstico rara vez se produce a una edad temprana, el maltrato de niños en edad escolar con esquizofrenia no es infrecuente. Debido a los síntomas positivos y negativos de la enfermedad, muchos niños no pueden ir a la escuela pública o privada, al menos mientras duran los episodios psicóticos especialmente difíciles. A menudo, los padres de niños con esquizofrenia optan por la educación en casa. Aunque esta alternativa tiene sus propias ventajas, puede aumentar el aislamiento del niño e impedirle desarrollar habilidades sociales útiles para su futuro. Los niños que siguen yendo a colegios públicos suelen ser víctimas de acoso escolar, lo que puede hacer que se vuelvan totalmente contrarios a la interacción social. Además, la forma en que se enseña la información en un aula no siempre es la mejor para que los niños con esquizofrenia la asimilen y recuerden, lo que ralentiza su progreso.

Desestigmatizar la esquizofrenia

El proceso de desestigmatización de la esquizofrenia comienza con cada persona. Los que no son conscientes de sus efectos nocivos no se sentirán inclinados a detener o denunciar la tergiversación, los estereotipos y los límites impuestos a las personas con esquizofrenia. La carga de cambiar los conceptos erróneos normalizados no debería recaer una vez más en quienes viven con la enfermedad, sino en la población general, que actualmente desempeña un papel activo en su perpetuación. Depende de las personas sin esquizofrenia colaborar para crear un entorno más tolerante.

Esto comienza con el acto más importante y global de la educación. Cuando la gente piensa en la educación, suele pensar directamente en la educación formal, como la escuela primaria, los institutos y las universidades. En realidad, la educación nos llega a través de todos los medios de comunicación y de lo que nos rodea. Aunque todavía estamos lejos de poder incorporar material adecuado sobre las enfermedades mentales en el sistema escolar, depende de nosotros ayudar a educar a los que nos rodean. Incluso para los padres que no padecen esquizofrenia, hablar con sus hijos sobre la importancia de la salud mental les quita el poder de estigmatizarla en sus mentes. Aprenden que hay personas que viven con distintas enfermedades -incluso las que no pueden ver físicamente- y respetarán estas diferencias. El cambio que queremos ver en los sistemas, como los lugares de trabajo y los métodos defectuosos de encarcelamiento, empieza con personas a las que se enseña a valorar a los demás, independientemente de que sus capacidades físicas y mentales y su salud sean o no las mismas que las suyas. Por supuesto, con la educación sobre las enfermedades mentales que se imparte actualmente, no es de extrañar que los niños se conviertan en adultos temerosos de lo que no deben: las personas con enfermedades mentales en lugar del trato injusto que soportan. En lugar de confiar en una o dos películas infames que ofrecen una mala representación de las personas con esquizofrenia, las personas implicadas en el mundo del entretenimiento deberían presionar para que haya más medios de comunicación que dejen de mostrar la enfermedad desde un punto de vista singular y ofrezcan ejemplos precisos de su espectro.

Puede sonar tedioso, pero es a través de este enfoque paso a paso de educar a cada individuo como finalmente se puede lograr un cambio a mayor escala. Con el tiempo, habrá un número cada vez mayor de personas que presionen para cambiar las políticas y asignar los fondos gubernamentales de forma más ade-cuada, haciendo que el tratamiento sea cada vez más accesible. La rehabilitación se convertirá finalmente en la prioridad, y el pasado sistema de criminalización y culpabilización pasará a ser un recuerdo lejano. Las cosas están cambiando y mejorando lentamente, y sin duda hemos recorrido un largo camino, pero aún queda mucho por hacer en este frente.

Cambiar la narrativa y hacer frente al estigma

Actualmente, algunas personas abogan por reclasificar la esquizofrenia como una enfermedad cerebral, como el Alzheimer. El objetivo de esta propuesta es eliminar la enorme estigmatización que rodea a la esquizofrenia y, tal vez, destinar más dinero a la investigación para descubrir más opciones de tratamiento. Esto se debe a la triste realidad de que las enfermedades mentales no se tratan con la misma seriedad que las enfermedades físicas. La organización, llamada Schizophrenia and Related Disorders Alliance of America, está animando al Congreso a incluir la esquizofrenia en un programa de los CDC que permita investigar más sobre los factores neurológicos subyacentes. Esto, a su vez, impulsará la investigación no sólo de tratamientos adicionales, sino incluso de una posible cura de la esquizofrenia. Las personas con enfermedades neurológicas tienen muchas menos probabilidades de ser culpadas por sus afecciones y más probabilidades de recibir la atención adecuada que las personas con trastornos psicológicos. Gracias a esta nueva definición de esquizofrenia, otros trastornos psicológicos, como el trastorno bipolar, podrían ser los siguientes en examinarse.

Amanda Southworth, una inspiradora activista juvenil, también está dando un gran paso hacia la normalización de la aceptación de las enfermedades mentales. Actualmente está intentando crear una aplicación que ayude a las personas con esquizofrenia a identificar cuándo experimentan alucinaciones. Objetivamente, está haciendo más por desestigmatizar los trastornos psicológicos que comunidades enteras de adultos. Es una pena que las grandes empresas de Silicon Valley nunca den prioridad a la creación de este tipo de aplicaciones simplemente porque las consideran menos rentables económicamente, pero personas como Amanda Southworth son la prueba de que el futuro de los enfermos mentales es mucho más brillante que el pasado.

Para las personas con esquizofrenia, el estigma es uno de los principales factores externos que contribuyen a la confusión emocional. Puede causar culpa, mayor ansiedad social y una preferencia por ocultar la realidad de sus luchas por miedo a ser juzgados y rechazados. Enfrentarse al estigma es una carga totalmente distinta para los afectados. Quienes luchan contra sus efectos pueden incluso evitar recibir el tratamiento que necesitan por miedo a la injusticia a la que podrían enfrentarse por ser etiquetados como enfermos mentales. Algunas medidas a tener en cuenta por quienes se enfrentan a este estigma son:

- Deshacerse de la vergüenza interiorizada influida por la percepción errónea que la sociedad tiene de la esquizofrenia.

- No dejes que tu enfermedad te defina; la esquizofrenia no es todo lo que eres y no dicta quién eres o puedes ser.

- No dejes que los demás te convenzan de lo que eres o no eres capaz de hacer.

- Únase a un grupo de apoyo para participar en un entorno seguro y comprobar que no está solo en su viaje.

- Sea sincero con los profesionales médicos para asegurarse de que está recibiendo el tratamiento más adecuado.

- Busca personas que te apoyen y socializa activamente con ellas.

CAPÍTULO 6: APOYO A UN SER QUERIDO CON ESQUIZOFRENIA

Quizá lo más aterrador de la esquizofrenia sea su capacidad para pasar desapercibida durante años. No se hace evidente mientras se abre paso lentamente en las funciones cognitivas, las capacidades de socialización y la percepción de la realidad de una persona. Puede pasar años engañando a la gente, haciéndola consciente de que algo en ella no va bien, pero sin alarmarla hasta el punto de pedir ayuda. A veces, antes de que pueda contenerse, finalmente se manifiesta a través de un primer episodio de psicosis. El individuo corre el riesgo de convertirse en su peor enemigo en un momento así.

Para alguien externo, ver a un ser querido pasar por una experiencia tan traumática es extremadamente difícil. Puede enfrentarse a la culpa, culpándose por no haberse dado cuenta antes o sintiendo vergüenza por no haber sido capaz de ayudar a calmar su episodio de psicosis. La verdad es que pensar de esta manera y todo lo que conlleva es contraproducente. Cuando nunca se ha tenido un episodio de esquizofrenia, la mayoría de la gente no sabe cuáles son las señales de alarma. Sin embargo, incluso conocer estos signos puede no ser siempre de ayuda. Puede ser extremadamente difícil animar a una persona que temes que tenga esquizofrenia a que busque tratamiento. En una situación en la que un ser querido se niega a recibir tratamiento, lo mejor que puede hacer es proporcionarle suficiente apoyo para que, con el tiempo, se incline a escuchar sus sugerencias.

Obligar a una persona a buscar ayuda en contra de su voluntad no sólo puede hacer que rechace la idea con más fuerza, sino que puede crear un ambiente hostil en el que se sienta rechazada.

No cabe duda de que ver a un ser querido sufrir por algo que podría tratarse es difícil y desgarrador. Sin embargo, no sólo hay que tener en cuenta su punto de vista. Su realidad, sus experiencias y sus luchas tienen su propia validez y merecen ser reconocidas. En una situación en la que se rechaza el tratamiento o la idea de buscar ayuda, el efecto más positivo vendrá de tu apoyo incondicional. Puede que no tengas que estar de acuerdo o alentar sus decisiones, pero mostrar que estás ahí para ellos será de gran ayuda.

Para una persona con esquizofrenia, las percepciones tal y como las conocemos están alteradas, lo que hace que se sienta increíblemente aislada. Una vez más, con su atención y apoyo, las amenazas a las que creen que se enfrentan pueden desvanecerse. Valida sus experiencias. Dedica una parte de tu tiempo a escuchar atentamente lo que tengan que decirte. Para ayudarles de verdad, debes hacer todo lo posible por comprender por lo que están pasando.

Como cualquier persona que tiene un ser querido que vive con esquizofrenia, usted desea que mejore. Es un viaje que os implica a ambos, y sus adversidades te envuelven con ellos. Para ofrecer el mejor apoyo posible y desestigmatizar aún más la esquizofrenia, hable abiertamente de su propia salud mental. Esto también sirve como método eficaz para quitarle protagonismo a la enfermedad mental de su ser querido. Demuestra que las luchas mentales no sólo les afectan a ellos y puede crear un vínculo más fuerte entre los dos.

Vivir con esquizofrenia

Junto con los tratamientos profesionales, se anima a muchas personas a llevar estilos de vida que les ofrezcan estabilidad. Minimizar la aparición de acontecimientos impactantes o que cambien la vida ayuda a evitar una angustia emocional innecesaria, lo que a su vez hace que el camino hacia el alivio de los síntomas de la esquizofrenia sea mucho más suave. Lamentablemente, esto deja a muchas personas con esquizofrenia en desventaja a la hora de buscar relaciones románticas. Incluso las relaciones no románticas suelen ser tensas, ya que muchos familiares y amigos de la persona afectada no quieren responsabilizarse de su cuidado. Esto no sólo es perjudicial para su bienestar emocional, sino que, sin el apoyo adecuado, corren un mayor riesgo de ser maltratados y pasados por alto en el sistema médico.

Aproximadamente, sólo un 20% de las personas diagnosticadas de esquizofrenia son capaces de mantener un empleo en el mercado laboral primario. Dependiendo de su nivel de estabilidad financiera, el desempleo puede atacarles y el dinero puede convertirse rápidamente en un problema. Dependiendo de la gravedad de los síntomas y de los problemas económicos, la falta de vivienda y las malas condiciones de vida no están lejos. Si su ser querido se enfrenta a una situación así, evalúe si se encuentra en un momento de su vida desde el que podría ayudar a acogerle. La buena noticia es que, con la medicación adecuada, su ser querido tiene muchas más posibilidades de mantenerse una vez que las cosas mejoren. Puedes empezar por hacer una lista de gastos y presupuestar cuánto puedes aportarles. Sin embargo, si en tu situación no es posible dar dinero, considera la posibilidad de ayudarles a solicitar prestaciones del gobierno o incluso organizar una recaudación de fondos en su nombre.

Muchas personas que ven a un ser querido vivir con esquizofrenia se quedan muy sorprendidas por el primer episodio de psicosis que pueden presenciar. Su principal temor es que se causen daño a sí mismos. En una situación tan delicada como ésta, las personas que nunca se han enfrentado a un acontecimiento de este tipo no saben cómo actuar. En situaciones que escalan a potencialmente peligrosas, muchas personas no saben si llamar o no al 911 para pedir ayuda. Si la respuesta es afirmativa a alguna de las siguientes preguntas, llamar al 911 puede ser la mejor opción para garantizar la seguridad de todos:

- ¿Amenazan con causarse algún daño a sí mismos o a otra persona?

- ¿Tienen antecedentes de intentos de suicidio?

- ¿No son capaces de alimentarse o vestirse solos?

- ¿Viven en la calle?

Si un episodio de psicosis es menos amenazador, los pasos a seguir son mantener la calma, escuchar y reaccionar según las acciones de su ser querido. Dependiendo de sus experiencias, su presencia puede parecerle una amenaza debido a ciertas alucinaciones o delirios; esto nunca debe tomarse como algo personal. La mejor forma de comunicarse en estos momentos es con frases cortas y claras que no puedan malinterpretarse y se perciban más fácilmente. Evite hacer comentarios positivos o negativos, por muy extraño que le parezca lo que le digan.

Todo esto puede suponer una gran carga mental para el cuidador de una persona con esquizofrenia. Establecer tu propio sistema de apoyo es una forma sana y eficaz de asegurarte de que no estás dejando que decaiga tu propia salud mental. Incluso sin la presencia de una enfermedad mental, un buen terapeuta podría ayudar a aliviar cualquier angustia experimentada por el cuidado.

Con síntomas tanto positivos como negativos, la esquizofrenia hace que mantener relaciones sea increíblemente difícil. Los estudios han descubierto que aproximadamente el 70% de las personas con esquizofrenia son incapaces de mantener una relación sólida. El grueso de esta mayoría son personas que no reciben la atención adecuada. Con los tratamientos adecuados, una relación estable es bastante más factible. Salir con alguien con esquizofrenia depende aún más de esto, ya que incluso la más sana de las relaciones románticas puede sufrir tensiones si los episodios de psicosis se repiten con frecuencia y son difíciles de manejar. Todas las relaciones de pareja requieren sacrificios, comprensión y apoyo mutuo, pero especialmente aquellas en las que hay esquizofrenia de por medio. Debido a los problemas de confianza potencialmente más complicados, una relación romántica de este tipo requiere un vínculo muy fuerte. Proporciónales seguridad siempre que te comuniquen alguna de sus dudas. Si alguien está saliendo con una persona con esquizofrenia, en lugar de pensar que su pareja dependerá completamente de ellos, debe dedicarse a lo que se basa cualquier otra relación adulta: comunicación abierta y tratarse con respeto.

Importancia de un entorno propicio

El estigma que hace que parezca que las personas con esquizofrenia simplemente no están hechas para mantener relaciones podría hacer que se autoestigmatizaran, convenciéndose a sí mismas de que es cierto. Con esta mentalidad, la persona seguirá careciendo por completo de motivación para intentar siquiera aumentar su interacción social. Alguien que se ha convencido de que fracasará simplemente nunca lo intentará.

Sin embargo, esto les impide utilizar algo que podría desempeñar un papel clave en su mejoría. De hecho, los estudios demuestran que las relaciones estables con otras personas no sólo pueden mejorar los síntomas, sino que incluso pueden disminuir las probabilidades de futuros episodios de psicosis y acelerar su recuperación general. El poder de estos vínculos sociales es casi tan importante como los medicamentos antipsicóticos y la terapia. Una persona con esquizofrenia podría llegar a sentirse tan cómoda con su terapeuta profesional que crea que las relaciones adicionales no le ofrecerán nada crítico. Aunque se requiere un alto nivel de confianza y honestidad entre un paciente y su terapeuta, tener relaciones profundas -como vínculos saludables con la familia, las amistades y las parejas románticas- proporciona un tipo de apoyo completamente diferente.

CONCLUSIÓN

La vida nos lanza bolas curvas cuando menos lo esperamos. A veces, las probabilidades de que algo ocurra -bueno o malo- son tan pequeñas como siempre, y
sin embargo eso es precisamente lo que te ocurre. La mayoría de las personas no
asumen que ellas o un ser querido sufrirán esquizofrenia, por lo que no saben
qué esperar cuando alguien la desarrolla. Sin embargo, con los recursos adecuados, el riesgo de esquizofrenia se vuelve cada vez menos amenazador, no porque
disminuya, sino porque se sienten más capaces de manejar cualquier cosa que
pueda implicar. Esto les permite embarcarse en su viaje hacia la recuperación, no
con miedo, sino con aceptación y determinación. Una persona que ha dedicado
tiempo a comprender la esquizofrenia por el bien de otra persona de su vida puede
estar proporcionándole exactamente lo que más puede necesitar: otra persona
decidida a que se recupere.

Mientras el mundo sigue girando en torno a estereotipos triviales sobre la esquizofrenia, limítate a priorizar tu bienestar y el de tus seres queridos. Los signos
de la esquizofrenia que ha aprendido podrían marcar la diferencia entre que un
ser querido acabe viviendo en la calle o que supere sus síntomas y cuide de sí
mismo como cualquier otra persona. Los antipsicóticos recetados y la terapia
proporcionan la base sólida para un futuro próspero lleno de rehabilitación,
autosuficiencia y felicidad. La comprensión cariñosa que les brindas podría tener
un impacto significativo del que ni siquiera eres consciente.

La esquizofrenia afecta a todos los aspectos de la vida de una persona: cómo
piensa, cómo siente, qué ve, etc. Va más allá de las tendencias al autoaislamiento

o la falta de motivación; puede crear un mundo -o más bien, un vacío- que hace que la persona luche contra sí misma y sus alucinaciones o delirios. Sin embargo, la dificultad y la amenaza que plantea la esquizofrenia no sólo provienen de ella misma. Gran parte del motivo por el que la gente la teme tanto es simplemente la forma en que se presenta y la adversidad adicional de la sociedad que dificulta el acceso a los tratamientos. De este modo, la esquizofrenia no sólo varía en sus síntomas, sino también en el resultado que uno puede esperar de ella. ¿Acabarán sin hogar? ¿Podrán permitirse todos los tratamientos que necesitan? ¿Y si acaban en la cárcel, encerrados por acciones sobre las que apenas tenían control?

La sociedad sigue apoyándose en lo que construyeron sus antepasados: unos cimientos defectuosos de discriminación que todavía se aferran a nuestra comprensión colectiva de la enfermedad mental. Parece anhelar criminalizar a quienes luchan con su salud mental para preservar cualquier necesidad o deseo que tenga el resto de la población. Poco a poco, los defensores del mundo que luchan por la salud mental -gente como tú que ha dado el paso de educarse a sí misma- están ayudando a que deje de girar en torno a la comodidad y los deseos de sólo una parte de la población, mientras que al resto se les trata como si su valor para la sociedad fuera reemplazable. De hecho, cada persona que da el paso de reevaluar sus propios comportamientos y mentalidades con respecto a la esquizofrenia y otros trastornos psicológicos similares está contribuyendo a que esto ocurra.

Tanto si la esquizofrenia ha influido en tu vida como si no, el cambio empieza por ti y llega a quien llegan tus acciones positivas. Tomarse el tiempo de leer este libro e informarse sobre la esquizofrenia ha sido un paso encomiable, y le agradezco que lo haya dado.

www.ingramcontent.com/pod-product-compliance
Lightning Source LLC
Chambersburg PA
CBHW070943120626
46546CB00004B/1533